I0835010

Salsérrima

Extremely Salsa

MUSEO SALVAJE
Colección de poesía
Homenaje a Olga Orozco

Homage to Olga Orozco
Poetry Collection
WILD MUSEUM

Jenny Álvarez

Salsérrima

Extremely Salsa

Translated by Mauricio Espinoza

Nueva York Poetry Press LLC
128 Madison Avenue, Office 2RN
New York, NY 10016, USA
Telephone number: +1(929)354-7778
nuevayork.poetrypress@gmail.com
www.nuevayorkpoetrypress.com

Salsérrima
Extremely Salsa
Paperback edition

ISBN-13: 978-1-966772-28-6

© *Poetry Collection*
Wild Museum 86
(Homage to Olga Orozco)

© Translator
Mauricio Espinoza

© Blurbs:
Antoine Alvear
David Cruz

© Publisher & Editor-in-Chief:
Marisa Russo

© Layout Designer:
Agustina Andrade

© Cover Designer:
William Velásquez Vásquez

© Author's Photograph:
Personal Archive

© Cover Image:
By the author

Álvarez, Jenny
Salsérrima, 1ª ed. New York: Nueva York Poetry Press, 2026, 120 pp. 5.25" x 8".

1. Costa Rican Poetry 2. Latin American Poetry

Quien entra aquí no necesita entender,
necesita escuchar.

Ye who enter here need not understand
—only listen.

J.A.

LATIDOAMÉRICA

Yo no aprendí a bailar. Yo crecí bailando en fiestas y reuniones familiares. La música era un lenguaje que nos conectaba por igual. En los años setenta en Costa Rica, una canción de Leonel Obando decía: *Mi nombre es Salsa, mi apellido el Son, mi madre la guajira y mi padre el guaguancó.* La música y el baile nos hicieron parte del mismo latido, el latido de Hispanoamérica, una mezcla pura de sincretismo y Son, como la esencia de la música Salsa.

"Nuestra América" nació de pueblos cantores y bailadores, bailaban y cantaban para no morir, o para renacer. A pesar del caos y mestizaje, esa feroz alegría de nuestros pueblos nunca se pudo exterminar, por eso el ritmo nos viene natural, nos da un sentido de vida apasionado y urgentísimo que prevalece.

A finales de los años sesenta en toda Latinoamérica rebosaba ese fenómeno en ebullición: la Salsa expandía su soneo desde el Caribe a Nueva York, y hasta Tierra del Fuego, empoderadamente latinoamericana, influyendo y también nutriéndose de la elegancia y nostalgia de ritmos como el jazz y el blues.

La Salsa nos hizo ser un continente ideológico, en la urbe nos dio "Nuestra Cosa Latina", fuimos respuesta ante el rugido del rock. En un espacio, como dijo Catalino Curet, para decir lo que borra la historia. Muchos inmigrantes latinoamericanos encontraron identidad, manteniendo su propia lengua española, abrazando las propias dolencias, pero aferrados a ese ritmo tan pasional y sin fronteras que llegó a contagiar a Nueva York, donde dio su propia "*Siembra*" y cosecha.

La Salsa es cuerpo y memoria, sus canciones son testimonios históricos o crónicas de cualquier barrio, canciones como: *Anacaona, Rebelión, El negro bembón, Plástico, Pedro Navaja, Y cómo lo hacen.*

Esa Salsería nos mostró lo que teníamos en la sangre y se replicó con fuerza en: Venezuela, Colombia, Perú, países vivos en Salsa. En Costa Rica, en los ochenta bailábamos: "*vengo de Puerto Rico, de Cuba y Panamá y ahora en Costa Rica, de Guanacaste a Puerto Limón*", esa canción del pianista Obando, que popularizó grandiosamente el grupo Marfil.

Yo soy Salsérrima y soy poeta, en estos versos, quise evocar la música que me ha dado gran felicidad, con ecos del Son cubano y maestría del soneo puertorriqueño, con tambores y metales opulentísimos, que sellaron la historia de Nuestra América *con Salsa dura* y sensual, desde lo que, a pesar del dolor, hoy seguimos siendo: pasión alegre, brillo, ritmo y derroche irrenunciable.

LA AUTORA

The Heartbeat of Latin America

I didn't learn to dance. I grew up dancing at parties and family gatherings. Music was a language that connected us equally. In the seventies in Costa Rica, there was a popular song by Leonel Obando that said: "My name is salsa, my last name is son, my mother is the guajira and my father the guaguancó." Music and dance made us part of the same heartbeat, the heartbeat of Latin America, a pure mixture of syncretism and son, like the essence of salsa music.

"Our América" was born of singing and dancing people; people who danced and sang so as not to die, or to be reborn. Despite chaos and miscegenation, that fierce joy of our people could never be exterminated. That is why rhythm comes naturally to us; it gives us a passionate and very urgent sense of life that still prevails.

At the end of the sixties, a musical phenomenon was boiling over throughout Latin America: salsa carried its soneo from the Caribbean to New York City, and all the way down to Tierra del Fuego. Fiercely Latin American, it influenced and was also nourished by the elegance and nostalgia of rhythms such as jazz and blues.

By giving us "Our Latin Thing" in response to the roar of rock and roll, salsa made us an ideological continent. It created a space, as Catalino Curet said, to express the things that history erased. Many Latin American immigrants in the United States found identity, maintaining their Spanish language and embracing their own sorrows, but clinging to that rhythm so passionate and without borders that invaded New York City—where it yielded its own "Siembra" or harvest.

Salsa is body and memory. Its songs are historical testimonies or chronicles from the barrio. That's the case with hits such as "Anacaona," "Rebelión," "El negro bembón," "Plástico," "Pedro Navaja," or "Y cómo lo hacen."

This boom showed us what we had in our blood, spreading mightily across the continent: Venezuela, Colombia, Perú, countries living to the beat of salsa. In Costa Rica, in the eighties, we danced to "I come from Puerto Rico, Cuba and Panama; and now in Costa Rica, from Guanacaste to Puerto Limón" —the song by Obando that was masterfully popularized by the local band Marfil.

I am *Salsérrima* and I am a poet. In these verses, I wanted to evoke the music that has given me great happiness, with echoes of Cuban son and mastery of Puerto Rican soneo, with opulent drums and brass. Music that unified the history of "Our América" with hard and sensual salsa alike, through which, despite the pain, we continue to be a people full of joy, passion, brightness, rhythm and an overflowing zest for life.

THE AUTHOR

ABRAN PASO

Abran paso que viene el Son
en dos maderos,
el Son en clave de sol, bajo lanzas y arrecifes,
con el favor del viento.
Con ajuste de cuerdas y palabras.
Abran surcos, abran ojos,
que tengo el Son desnudo sobre el cuerpo,
cuerpo de carbones ofrendados.
Abran velas, abran paso.
Sin rumbo y suerte viene el Son
descalzo,
en la lengua de Cervantes,
con mi lengua rehén,
mi lengua de humo perforada,
empujada por bisontes.
Mi lengua se ensalzó
en la sal tantos mares,
le brilla la clave oscura de mis ancestros.
Son de cueros y semillas,
    Son de islas embriagadas,
        Son del viento los tambores,
            Son de la loma y cantan el llano.
En clave de dos maderos,
con cueros, con carbones,
con lenguas de humo perforadas,
con palabras que hice mías,
en un horizonte ya quemado.

Make Way

Make way for here comes the son
on two wooden claves,
treble after treble beneath spears and coral reefs,
with an arrangement of strings and words,
blessed by the sun and the wind.
Make waves, open your eyes,
for the son is naked over my body,
a charcoal body for the offering.
Light the candles and make way.
Rudderless and luckless and shoeless,
here comes the son,
in the tongue of Cervantes,
in my tongue taken hostage,
pierced tongue firing smoke signals
carried by the thundering bison.
My tongue was seasoned
by the salt of every sea
and shines with the dark claves of my elders.
Son made of leather and seeds,
    son from the drunken islands,
        son of the wind and the drums,
            son of the hill singing to the valley.
With two wooden claves,
with leather and charcoal,
with pierced, smoking tongues
firing words that I made mine
over a scorched horizon.

La loma del tamarindo

Ella hiere el aire con una leyenda
florida en la sonrisa.
                    A lo lejos,
una letra de su tierra aún tengo en las manos.

La clave germinó en el paisaje robado,
donde olvidaste
                los ojos aprendices.
Cuando la tierra andaba desnuda
y el polvo moría para seguir
                siendo polvo,
el tamarindo era sangre de verano.

Llevamos el acento de la loma
que hiere el aire y canta
con su boca de animal extinto.
La loma vigía, que contó
todos los relámpagos,
todas las canciones
            de trabajo y pasión.
Donde resbala un esqueleto
                    luminoso.
Una letra de su tierra aún guardo,
con sangre de verano del tamarindo,
y a mí, una espiga hambrienta
se me abre en la garganta.

Tamarind Hill

She wounds the air with a flowery
legend upon her smile,
                                        while faraway
I still hold a note taken from her land.

The claves sprouted from the stolen ground,
where you forgot
                                to see with curious eyes.
When the earth roamed naked
and the dust
                              returned to dust,
the tamarind was summer's blood.

We still carry the hill's accent
that wounds the air and sings
with its mouth of ancient beast.
The hill's a watchtower
that counted every lightning bolt
and every song
                              of labor and passion,
where the luminous bones
                                        slide.
I still hold a note taken from her land,
where the tamarind grows with summer's blood
while faraway
a hungry kernel sprouts from my mouth.

Chan Chan

De Alto Cedro voy para Marcané y hasta Mayarí.
Limpia el camino de pajas.
Bajo los retazos de cielo Juanica y Chan Chan
recogían arena en el mar,
Juanica contoneaba su cuerpo al sacudir el jibe
y Chan Chan, al mirarla,
se le pintaba la vida en el rostro,
se le derretía la lengua, era vapor su corazón.
Limpia el camino de pajas.
La arena del mar no lo contará.
De Alto Cedro voy para Marcané y hasta Mayarí.
Compay Segundo dijo que no compuso ese son.
Compay dijo que lo soñó.
Soñaba su música, se despertaba con la luz
de los instrumentos perforando su cabeza.
De madrugada se asomaba al balcón
              y no veía a nadie.
Así recordó la historia de Juanica y Chan Chan.
De Alto Cedro voy para Marcané y hasta Mayarí
Juanica cerniendo la arena y Chan Chan,
sin poder llegar,
              sin poder limpiar el camino de pajas,
derretido de ardor, manchado de arena,
rendido, bajo el cielo y sus retazos.

CHAN CHAN

From Alto Cedro I go to Marcané and all the way to Mayarí.
Clear the chaff from the path.
Juanica and Chan Chan sifted sand from the sea
under patches of blue sky.
As she shook the sift Juanica swung her hips
and Chan Chan, both eyes on her,
was nothing but a blushing face,
a melting tongue, a burning heart.
Clear the chaff from the path.
The sand will not tell this story.
From Alto Cedro I go to Marcané and all the way to Mayarí.
Compay Segundo said he did not compose this son.
He said it came to him in a dream.
Compay dreamt his music, he would wake up
to the sound of instruments lighting up his brain.
He would look out the balcony at dawn,
            and no one was there.
That's how he recalled the story of Juanica and Chan Chan.
From Alto Cedro I go to Marcané and all the way to Mayarí.
Juanica sifting sand and Chan Chan
unable to arrive,
            unable to clear the chaff from the path,
burning under the heat, covered in silt,
patches of blue sky above his worn-out feet.

Anacaona

¿Qué haré con el humo, que haré sin las flores?
Derribaron el bohío, el fuerte, el caney.
En Jaragua nada fue igual,
tampoco en la Antilla primitiva y desfigurada.
¿Qué haré con el humo, que haré sin las flores?
La espuma busca el agua
y el agua ya no quiere ir al mar.
El mar manchado de galeones
forcejeaba en el viento.
Anacaona bailó con sus trescientas doncellas
el último giro enlutado de su frente,
entre sogas sus cuerpos de quebradas ocarinas.
En el bohío, en el fuerte, en el caney.
Entre la tinta y la sangre el tiempo huyó
con su armadura y no te dejará volver.
Areito de Anacaona:
de las flores el humo, del oro la rabia.
De tu ahorcado corazón,
no eres tú, soy yo la endechadora.
Hace más de 500 años silenciaron el areito,
el bohío, el caney,
pero en el aire queda un dorado perfume,
y una hoguera en la boca nos florece.

Anacaona

What shall I do with the smoke and no flowers?
They destroyed my house, my fort, my home.
Nothing was ever the same in Jaragua, in the Antilles,
in this primitive and disfigured island.
What shall I do with the smoke and no flowers?
The foam seeks the water
and the water no longer seeks the sea.
The ocean is tainted by galleons
that wrestle with the wind.
Anacaona danced with her three hundred maidens
one final dance, grief shadowing her forehead,
ropes binding their bodies like broken ocarinas.
En el bohío, en el fuerte, en el caney.
Between blood and ink time escaped
wearing an armor—it won't let you return.
Anacaona dances her areito:
flowers become smoke, gold turns into anger.
It's not you but me who now sings
through your heart hanging from a rope.
More than five centuries ago they silenced the areito,
the bohío, the caney,
but the air still carries your golden scent
and a fire still burns inside our chest.

PLANTACION ADENTRO

Sombras son la gente.

La plantación, despojos y muerte.
La cosecha, la zafra de la sed, y de los huesos.
Camilo Manrique tenía la estatura agotada de su raza,
en su mirar el grito profundo de las semillas.
Conocía los ruidos del hambre entre sus pasos,
sabía no correr contra corriente
porque la libertad era un río que cantaba en otros reinos.
Todo lo miraba desde la materia secreta de su sangre:
la lumbre, el tiempo, el agua y sus raíces.
Miró un día su rostro lacerado,
en los ojos del capataz que a palos de muerte lo tumbó.
Noche adentro arrojaron sus restos de larva encallecida.
Noche adentro sus huesos se perdieron en la plantación.
Noche adentro. Zafra negra. Mies feroz.
Camilo Manrique, indio sin sepultura.
Camilo Manrique, negro marcado sin sol.
Camilo Manrique, 40 palos de sangre en la empalizada.
Camilo Manrique, despojos y muerte.
Plantación adentro.
Silencio en la cosecha, en el aire y en el cañaveral.

INTO THE PLANTATION

People are but shadows.

The plantation: plunder and death.
The sugar harvest: bones and thirst.
Camilo Manrique was as tall and as tired as his race,
deep-rooted seeds shouting through his gaze.
He knew the shrieks of hunger in every step,
learned not to swim against the current
because freedom was a river singing from another kingdom.
He saw everything through the secret recipe of his blood:
fire, time, water, roots.
One day he saw his lacerated face
in the eyes of the foreman who beat him to death.
They dumped his hardened body like a larva into the night.
Into the night of the plantation his bones were lost.
Into the night. Black harvest. Cruel harvest.
Camilo Manrique: dead Indian without a grave.
Camilo Manrique: branded Negro, sunless death.
Camilo Manrique: 40 lashes against the bloody stockade.
Camilo Manrique: looting and death.
Deep into the plantation, the sugarcane fields
and the harvest: only silence in the air.

Pedro Navaja

La luna del Bronx entró en los callejones
para mirarte entre sus hierros,
pero la noche tenía una hendidura de alimañas,
donde entraba y salía la luna para mostrar
        sus dientes de cocodrilo.
De hierro en hierro tenía que llegar la hora,
la hora a secas, la hora del puño y del puñal.
En las esquinas donde escupen los borrachos,
tres centavos se encontraron con hambre y destino
y con navaja irremediable
te tiró boca abajo con la noche,
donde aquella mujer no pudo huir en sus pasos de condena.
En las esquinas, donde escupen los borrachos
quedan tus traiciones y algunos perros
reclamando sus colmillos a la luna,
pero la luna solo tiene dientes de cocodrilo.
Y yo pregunto el precio afilado de tu sonrisa,
donde todo fue en vano,
el diente de oro deslumbrando en la avenida,
el gastado camino al jardín de las delicias.
Todo fue en vano:
la sangre arrepentida corrió afuera de la noche.
Pero la luna del Bronx se reía del diente de oro
        entre tus dientes,
de tu afán, de tu navaja, del puñal y de su empuñadura,
de la mujer que vende calor entre sus piernas,
de la mujer que, con una sola bala, te clavó el destino,
o más bien la muerte y la sorpresa.

Pedro Navaja

The Bronx moon descended through the allies
to look at you among all the iron,
but the night had a tear crawling with vermin
where the moon went in and out
            showing her crocodile teeth.
If you live by the sword your time will come,
just at the right time, the time of the hilt and the knife.
On the corner where drunk men spit
destiny and hunger stumbled upon three coins.
The unavoidable blade
cut you down, face first against the night,
an ill-fated woman who could not escape her own steps.
On the same corner where drunk men spit
only your betrayal and a few dogs remain,
howling at the moon for their fangs.
But the moon only has crocodile teeth.
And I ask if everything was in vain:
the sharpened price of your smile,
the gold tooth illuminating the avenue,
the worn-down path to the garden of earthly delights.
It was all in vain:
the remorseful blood spilled beyond the night.
And the Bronx moon laughed at the gold tooth in
            your mouth,
and your frenzy, and your knife and its hilt,
and the woman who sells warmth between her legs,
the woman who needed just one bullet to nail your destiny—
or rather death and disbelief, death and its hilt.

O más bien su empuñadura.
Bajo la luna del Bronx dos cuerpos moribundos
ruegan por un último mordisco,
pero la luna, de dientes de cocodrilo
se fue en un disparo, con tres centavos, con hambre,
con Navaja, con la muerte y con su empuñadura.

Under the Bronx moon two dying souls
beg for their last bite.
But the moon has crocodile teeth
and took off with a shot, three coins,
a hungry mouth,
Pedro Navaja, his knife and his death.

FUEGO EN EL 23

A Arsenio Rodríguez,
ciego maravilloso de los desengaños.

Te engañaron con el sol, Arsenio.
El aire lo sabía, también la musa y el cuchillo.
Te pusieron un epitafio roto en la pupila
para un aeda ciego que, por las noches,
el trote de un caballo de sangre azotaría.
¿Cuántas veces te habrá pulverizado el pecho?
Pero tenías el tres de cuerdas, metales y partituras
del fuego, frente al fuego negro que habitabas.
Tu música abrió párpados secretos a las noches
habaneras, y la musa ebria en el color del Son,
se paseaba iluminada en los altares del Congo.
Arsenio de los desengaños y de las maravillas.
Tus notas encendieron el lomo de la aurora en Nueva York.
¡Ay, Arsenio! Te engañaron con el sol.
Aún hay fuego en el 23 suficiente para besar toda tu isla.
¡Hay fuego en el 23!
El aire lo sabía, también la musa y el cuchillo,
también el humo y la gran manzana,
y aquel azote inevitable del caballo.

FIRE ON THE 23rd

To Arsenio Rodríguez,
marvelous blind composer of heartbreaks.

The sun played a trick on you, Arsenio.
The air, the muse and the knife knew it.
They put a torn epitaph on the pupils
of a blind troubadour who at night
would whip the gallop of a thoroughbred horse.
How many times did it crush your heart?
But you had the tres, and the brass and flaming
scores that lit up the black fire inside you.
Your music pried open secret eyelids in the Havana nights,
while a drunken, son-colored muse
roamed the illuminated altars from the Congo.
Arsenio, singer of heartbreaks and wonders.
Your notes lit up the late nights of New York City.
Oh, Arsenio! The sun played a trick on you.
There's enough fire on the 23rd floor to kiss your whole island.
Fire on the 23rd!
The air, the muse, the knife all knew it.
And also the smoke, the Big Apple,
and the unbridled galloping of that horse.

EL CANTANTE

Te gustaba la bomba y el baquiné
            y el grana del salón,
que cada noche bailaba en el brillo de tu herida.
Cuando cantabas con un astro ardiendo en contra.
Cuando mucho te besaba
                        la falsa rosa de Nueva York.
Tu gente te sabía esperar,
como se espera la palabra de un dios nuevo
que lleva el cielo atorado en la garganta.
Y estabas hecho Héctor,
con la bomba y el baquiné, con el diálogo
sencillo de los jíbaros. Cantante de cantantes,
con una multitud alegre y picada entre las manos,
con tantos ojos de mujeres en las manos,
con una estrella negra que lloraba un poco.
Estabas hecho en el aura impuntual de los gorriones,
atado en el beso de la falsa rosa de Nueva York.
Y te bebiste todo su solar, calmando unos lebreles.
Soneando, pregonando, saltaste la curva del balcón.
Apaga la luz, afuera se oye una música,
no soples la ceniza,
            aún llora un poco tu estrella negra.
Apaga la luz. Afuera suena una murga.
Afuera la estrella negra llora
y repite tu nombre.

The Singer

You liked the bomba and the baquiné
            and the garnet-tinted dance hall,
which reflected the sparkle of your wound every night.
Back then you sang with a star burning against you.
Back then you were kissed by
            a fake New York City rose.
Your people waited for you,
the way one awaits a word from a new god
that carries the heavens in his throat.
And Héctor, you were made
from bomba and baquiné, from the simple
way jíbaros talk. Singer among singers,
you held a joyful raucous crowd in your hands
and so many ladies' eyes in your hands,
and a black star that would cry a little.
You were made from the sparrows' delayed aura
but remained stuck to a kiss from a fake New York City rose.
You drank the whole garden just to appease the hounds.
Improvising, trumpeting, jumping over a balcony.
Turn off the lights: music's playing outside.
Do not blow on the ashes:
            your black star still cries a little.
Turn off the lights. A murga is playing outside.
Outside the black star cries
and calls out your name.

IDILIO

Como un viejo danzón que late
en todo el cuerpo, denso y constelado.
Persistente como un escarabajo.
Irrumpe en los deseos el trombón que encarnó
tu boca amante.
Más gozosa y perdurable que el principio
de todas las noches,
las noches de un idilio.
El ángel oscuro indicará el camino,
porque no salva el corazón,
el sexo manchado de auroras, no salva:
la boca manchada.
El alma también manchada
sobre el cuerpo,
permanentemente manchado.
Permanentemente.
Idilio.

LOVE AFFAIR

Like an old danzón beating through the body,
dense like a starry night,
persistent like a scarab beetle.
The trombone made flesh by your loving mouth
bursts into the air of desire.
More joyous and everlasting
than the genesis of all nights,
nights for a love affair.
The dark angel will show us the way,
because the heart will not save us,
nor the sex tainted by sunrise:
your tainted mouth.
And the soul also tainted
against the body,
forever tainted.
Forever.
A love affair.

Pasión

A Son de Tikizia.

Es cierto, te encontraron cantando una música
de la montaña, aferrada a insobornables maderos,
en el pueblo de los indios y los criollos.
Musitabas en el viejo corazón de una marimba.
Te bebías todo el límite del aire con sus pájaros,
llenando el tajo de la vida con más vida.

Ahí zumban las falanges con que te unes a la tierra.
Ahí zumba el petirrojo que habita entre tus pasos.
Ahí zumba y zumba el palpitar de la marimba.

Y te pruebas cada día el sol naciente entre sus rayos,
como red que al agua va a tantear profundidades
y misterios, como la sed que cae embriagada
en el vino trasparente del coyol,
en el Son de mi Tiquicia,
mi pueblo cadencioso,
donde zumba y zumba la Pasión.

PASSION

To Son de Tikizia.

It is true that they found you singing a song
from the mountains, holding tight to incorruptible trees,
near the village where Indians and Creoles lived.
You whispered into the heart of an old marimba.
You drank the whole expanse of the air and its birds,
overflowing the quarry of life with more life.

That's where the fingers that connect you to the earth hum.
That's where the robin that follows your every step hums.
That's where the marimba's heart hums and hums.

And every day you taste the rising sun beneath its rays
like a net that prowls the deep waters looking for
mysteries, like a thirsty mouth seduced
by the silvery coyol wine,
by the cadence of my people,
by this Costa Rican son,
by this land of Passion still humming her favorite song.

LA VIDA ES UN CARNAVAL

Antes de que venga la vida a quitarnos la carne
y también los huesos, nos vestiremos para el azote
de las baldosas, inaugurando salto y zapateo,
con máscaras, con metales, con collares en el pecho.
Usaremos el mismo traje mordido de carne y beso.
Cuando la multitud dibuje en las paredes la muerte
de los bufones, tomaremos el color de la opulencia,
su redención con gozo de arcángel desollado.
Aunque duela a veces ese carnaval prendido
de carne y beso que siempre llevo puesto.
Yo seré la diablada para atrapar tu palpitar en llamas,
para tomar tu palabra irrenunciable y abstemia.
La vida es un carnaval enredado
en quimeras luminosas.
La vida en su instante de monedas rojas,
con quijada rota en borrachera.
Aquí en la carne, junto al amor y la locura,
junto al canto de los gallos y las comparsas.
Canto, zapateo fuerte en las baldosas,
porque la vida es un carnaval que alienta,
se regodea sobre el cuerpo y muy temprano nos devora.

LIFE IS A CARNIVAL

Before life comes to steal our flesh
and our bones, we will dress up and go punish
the cobblestone, jumping and clicking our heels,
wearing masks, silver and colorful beads.
We will wear the same suit that's been touched and kissed.
When the crowds draw pictures of jesters dying
on the walls, we will color ourselves in opulence
and seek redemption with the joy of a tortured angel.
Even if this carnival of flesh and mouth
that I always carry begins to hurt me.
I will become a devil to catch your burning heart,
to catch your words, lucid and irrepressible.
Life is but a carnival tangled up
in luminous daydreams.
Life is but an instant of scarlet coins,
a broken jaw after last night's debauchery.
Here, in the flesh, next to love and madness,
next to the sound of roosters and street bands.
I sing, tap hard on the cobblestone,
because life is a carnival that keeps us going,
takes pleasure in our bodies and devours us at dawn.

EL PRESO

No hago más que saborear el frío
de estas cuatro esquinas,
tan culposas y de hierro.
Desde este atajo helado en Canadá, escribo
con los caballos amarrados de mi sangre.
Pienso en el día mi muerte. Aquí repaso
mi parcela de esquinas, desde el setenta y cinco.
A veces me llega en el aire una murguita*,
el aroma de mi madre. Luego me despierta
un hierro oscuro con el peso de los treinta años,
con todos los caballos amarrados de mi sangre,
sin poder llegar a mi tierra de tantas ansias.
Yo solo quería rebaños de soles parranderos
en mi Cali, con café, con aguardiente y berraquera, **
frecuentando el paso más usado del amor.
Yo quería una murguita ostentosa en Barrio Obrero,
que el *bugalú* *** rompiera muchas noches,
y que Colombia entera gozara su saoco. ****

* Murguita, pequeña comparsa musical.
**Berraquera, palabra que, en Colombia en general, denota entusiasmo y alegría.
***Bugalú, género musical y baile latino nacido en Nueva York en 1960.
****Saoco, sabor, ritmo, alegría, buen movimiento.

The prisoner

I do nothing but taste the cold of these
four corners,
made of iron and guilt.
From this frozen shortcut in Canada, I write
with horses entangled in my blood.
I think of the day of my death. Here I gloss over
my parcel of four corners, since the year seventy-five.
Sometimes I hear the sound of a murguita
and smell my mother's perfume, but then I wake up
in the dark iron, under the weight of thirty years,
with all the horses entangled in my blood.
unable to return to the place that I long.
I only wanted flocks of sun and revelry in my Cali,
with coffee, aguardiente and berraquera,
visiting the corners where love is never denied.
I wanted to hear a fancy murguita in Barrio Obrero,
I wanted to dance a bugalú for many nights
and feel all of Colombia bust a move with delight.

Vasos de colores

El sol de La Perla tiene una llama que todo lo pinta,
en San Juan pintó el día de altas marejadas,
de lamentos borinqueños y de espumas.
Pintó el mercado y todos sus guijarros,
pintó mi frente y el malecón,
donde ya tarde, llegó a reír el polvo.
De mar a mar La Perla anda pintada en vasos
de colores: vasos sonajeros y sonámbulos,
vasos que atrapan el relámpago del agua,
vasos donde el soneo del pueblo quedó rehén.

De bomba y plena arde
            San Juan en sudor tamborilero.
En Santurce los cangrejos desentierran las llamas
del sol taino. Maelo llora una lágrima ballenera
y Marvin Santiago, tan bebido de cristales luminosos,
se va a vender al mercado sus vasos de colores.
Yo empeñé uno de mis ojos para bailar en La Perla,
entre esos vasos de colores de fiesta y rezo,
para bailar el soneo del pueblo que quedó rehén,
bajo el fuego de Santurce
y con solo una farola.

COLORFUL GLASSES

The sun over La Perla is a flame that colors everything.
It painted high tides, surf and Borinquen
laments all over San Juan.
It painted the market and all its pebbles,
it painted my forehead and the malecón
where dust came laughing at dusk.
From sea to shining sea La Perla is covered in
colored glasses: rattling, sleepwalking glasses,
glasses that capture the water's lightning,
glasses where the people's soneo was held hostage.

In the afternoon San Juan sweats to bomba,
        plena and drums.
In Santurce the crabs unearth the flames
of the Taino sun. Maelo wails over whale tears
and Marvin Santiago, drunk with luminous crystals,
sells his colored glasses in the market.
I gave up one of my eyes to dance in La Perla
among colored glasses, prayers and songs,
to dance the people's soneo that was held hostage
under Santurce's fire,
under the only streetlamp.

REBELIÓN

Por el camino de piedras del año1600,
un esclavo negro le gritaba a un español abusador:
no le pegue a la negra, que esa negra está hecha
de una llama sonámbula.
Fue atada a un roble vivo y sin follaje,
para fundirla a la intemperie,
en una noche de lumbreras.
En ella la tierra recobra la memoria,
en ella padece de hambre el sol.
El agua de la aldea aún brilla en sus ojos.
¡No le pegue a mi negra!

Ese mismo año, muchos esclavos lograron huir, corrieron a Montes, se volvieron cimarrones. Luego se armó el alto quilombo de la libertad. Benkos Biohó se fugó con otros esclavizados y así empezó la rebelión, la lucha y los palenques. Ese año hasta las piedras tomaron vida, levantándose en guerra, pero en 1621, Benkos Biohó cae en un ardid y regresa al polvo.

Por el camino empedrado del 1600, San Basilio de Palenque, es el primer pueblo libre de América, nacido de la opresión, al tiempo de los gritos de un esclavo: No le pegue a la negra, no le pegue, vociferan aún en su eco, las grandes murallas de Cartagena de Indias.

Rebellion

On the cobblestone road in the year 1600,
"*a black slave yells at the abusive Spaniard:*
'do not lay a hand on my Negra'," for that woman
was made of sleepwalking flames.
That Black woman was tied to a living oak
to break her out in the open,
to crush her under the nightlight.
Through her the land regains its memory,
through her the sun starves in darkness.
The village's water still shines in her eyes.
Do not lay a hand on my Negra!

That same year, many slaves managed to escape, ran off to Montes, became maroons. Then the great quilombo of freedom was born. Benkos Biohó escaped with other enslaved people and thus began the rebellion, the struggle and the free towns. That year even the stones came to life, rising in war, but in 1621, Benkos Biohó fell into a ruse and returned to dust.

On the cobblestone road of 1600, San Basilio de Palenque became the first free town in the Americas. Born of oppression, born from the cries of a slave: Do not lay a hand on my Negra, do not lay a hand on her, the great walls of Cartagena de Indias still shout in unison.

SI DIOS FUERA NEGRO

Si Dios fuera negro, su sonrisa blanquérrima
habitaría siempre entre nosotros,
con el ritual de los sobrevivientes en su sangre
y un tatuaje de mar equivocado sobre el pecho.
El ojo de Dios sería el ojo del pez,
ojo de aguas vivas y aves desenterradas.
Cicatriz y no una túnica llevaría en sus espaldas,
cicatriz curtida a latigazos,
plural de selvas y silencios de sabanas,
con tambores, con un pálpito fatal de hambre
en sus pasos y en sus huesos.
Si Dios fuera negro,
pintaría de gacelas cada tarde.
Aún sería un humilde pescador,
y yo cada noche, me iría muy adentro
con él al mar,
a pescar relámpagos.

If God Were Black

If God were Black, his whitest smile
would always abide among us,
carrying the ritual of survival in his blood
and a tattoo of mistaken seas on his chest.
The eye of God would be the eye of a fish,
the eye of living waters and resurrected birds.
Not a tunic but a scar he would carry on his back,
the memory of whip against flesh,
and he would carry jungles and quiet savannahs
and lethal drums that grow silent with hunger
in every step, in every bone.
If God were Black
he would paint gazelles every afternoon,
he would still be a humble fisherman,
and every night I would go out to sea
to catch lightning bolts
with him.

LAS CARAS LINDAS DE MI GENTE NEGRA

A Miss Junie y al clan Taylor Martínez.

Las caras lindas de mi gente negra,
claridad secreta frente al fuego,
sudor y llanto de palomas en la frente.
El barco traspasó la herida,
su rumbo abrió la piel de par en par,
en cosecha, en espiga, en diáspora:
la ofrenda altiva del León.
Las caras lindas de mi gente negra,
melaza luminosa,
donde baila un ángel con maracas.
Negrura de sangre en pie
que, al cruzar el mar,
le crecieron islas y frutos y perlas
y oraciones.
Las caras lindas de mi gente negra,
bondad amable, melaza en júbilo.
En la fuerza de su sombra avanzan
sobre el polvo,
con llanto de palomas en la frente,
abriendo en los caminos
sudorosos juramentos.

THE BEAUTIFUL FACES OF MY BLACK FOLKS

To Miss Junie and the Taylor Martínez clan.

The beautiful faces of my Blacks folks,
a secret clarity facing the fire,
sweat and dove cries on their faces.
The ship pierced the wound,
its trajectory cut the flesh wide open,
harvest, seeds, diaspora:
          the Lion of Judah's proud offering.
The beautiful faces of my Black folks,
          shiny molasses
where an angel plays the maracas.
Blackness in the blood standing tall,
blood that after crossing the sea
grew islands, pearls, fruits
                                        and prayers.
The beautiful faces of my Black folks,
gentle kindness, blissful treacle.
By the strength of their shadows
          they move through the dust
with dove cries on their faces,
          sweaty from blazing trails
                    and keeping their oaths.

YAMBEQUE

A Regla y Reinier Armas y a Aida.

Esta noche, cuando tiemblen las estrellas,
armaremos una rumba con los dientes de Changó.
El sol se ha se descabellado y sepulta algunas brazas,
la luna sangra todo su marfil.
Esta noche bailaremos un canto de alas sin memoria.
Saltaremos por el aro del aliento
                    y los cueros del tambor,
          y frente al fuego de ébano,
                    el dolor seguirá latiendo,
como guardián del fondo de la tierra
                              seguirá latiendo,
como el viento acribillado sigue latiendo.
Esta noche, cuando tiemblen las estrellas,
                    bajo la luna sangrando todo su marfil,
armaremos una rumba,
                    con los dientes de Changó.

YAMBEQUE

To Regla and Reinier Armas and to Aida.

Tonight, when the stars begin to tremble,
we will make a rumba with Changó's teeth.
The sun has lost its hair and buries its last embers,
while the moon bleeds in rays of ivory.
Tonight, we will dance a song that time forgot.
We will jump through a hoop of breath
          and the skin of drums
          and before the ebony fire
                    sorrow will keep on beating,
like a guardian of the earth's core
                              it will keep on beating,
like the wounded wind that keeps on beating.
Tonight, when the stars begin to tremble,
                    under the moon that bleeds its ivory,
we will make a rumba
                    with Changó's teeth.

Llorarás

Llorarás hasta en los pequeños agujeros de los días,
cuando revivas pasos muertos en el valle de Caracas.
Llorarás figuritas de piedra por los ojos,
en la sed esquiva de tu diario amante.
Llorarás y llorarás,
por el goce del cuerpo contra el cuerpo,
por los tormentosos castillos que en el aire reviviste.

Llorarás ataviándole a la vida, a tu alocada canción.

Bajo una luna ilegible y desplumada.
Tras la huida de mi sombra.
Llorarás y llorarás por el entierro del cuerpo
que abrió puertas con puños despilfarrados.
En el aire, en el ruido, en el ajetreo nuevo de las horas,
sufrirás ramos sudorosos y rojos en la frente.
Por el perdón miembro por miembro en el dolor.
Por el llanto mamífero de sal y tierra que lloré yo.
Juro que llorarás un llanto oscuro,
embotellado, diferente.
En bandolera, lo juro,
tú llorarás y llorarás.

You Will Cry

You will cry even through the tiniest cracks of your days,
remembering how you used to walk in the valley of Caracas.
You will cry stone figurines through your eyes,
cry over the elusive thirst of today's lover.
You will cry and cry
for the joy of your body against another body,
for the stormy castles resurrected in the air.

You will cry as you dress up for life and its restless song.

Under a featherless, concealed moon.
After my frayed shadow has fled,
you will cry and cry at the funeral of a body
that opened doors and wasted everything for you.
In the air, in every noise, in the hustle and bustle,
your head will bleed under a crown of flowers.
For the pain in every limb begging for mercy.
For the tears of salt and earth that I cried.
I swear you will cry the darkest cry,
bottled just for you, a special cry.
With my heart in my hand, I swear,
you will cry and cry.

SONIDO BESTIAL

Notas negras y notas blancas,
súbitas al derroche, un piano desaforado
deslumbra y va, recoge unos relámpagos
y, a dos manos, se monta en una ronda de dragones.
Lanza sus notas al vacío para evitar la muerte.
Desnuda su armadura, acaricia lo que falta,
entrega la clave del silencio que lleva en bandolera.
En añicos de vorágine, en añicos de armaduras.
Notas negras y notas blancas. Chopin, Beethoven.
Sonido bestial de lengua mestiza y desencajada.
Sobre el lomo de la bestia suena una lluvia de metales:
Y tú que decías que no se podía
sacar las cuerdas de las trampas del verano,
a dos manos, imponer la acústica de tu mazmorra.
Con esqueletos negros, con esqueletos blancos,
acaricia lo que falta, el lomo altivo de la bestia,
su estruendo flameante en el latido de la isla
y en los labios opulentos de María.
En ronda constelada.
Píntate los labios, María, con golondrina y esqueleto.
Píntate los labios, con partituras de la isla.
Acaricia el fuego de los arcos del verano,
esa acústica de mazmorra, ese verso en estampida.
Suena la clave en su chasquido,
suena la clave en goterones que se inventan,
que se arman en el barro del camino, con notas del fuego
caribeño que invoca ese sonido bestial.

WILD SOUND

Black notes, white notes
prone to exuberance, a runaway piano
dazzles, grabs a fistful of fireballs
and goes around riding with a pack of dragons.
The piano flings its notes into the void to avoid death.
It takes off its armor, caresses what's missing,
surrenders the silent claves it keeps close to its chest.
A shattered vortex, a broken armor.
Black notes, white notes. Chopin, Beethoven.
A wild sound of dislocated, mestizo tongues.
The fury of the brass rains on the back of the beast:
And you told me it couldn't be done,
pulling the strings out of summer's deception
with both hands, letting the sound of your dungeon take over.
Black skeletons, white skeletons,
caress what's missing, caress the prideful back of the beast,
its flaming roar inside the island's heartbeat
and in María's bountiful lips.
Dance around the stars.
María, put on the lipstick of bones and swallows.
Put on the island's notes and scores.
Caress the fire around summer's pergolas,
hear the dungeon's sounds, the runaway verses.
Hear the clicking claves,
hear the claves mimicking raindrops
that shape the mud on the roads, hear the notes
of this Caribbean fire that summon a wild sound.

Brujería

Las horas han pasado temblando de noche y de día
con temblores del árbol en el cuerpo,
velando una mirada que no sostiene el aire.
Entre velas negras: luz de sal y luz de azúcar.
Talla el aliento aprisionado con las manos,
Hay alfileres en el cuerpo de la imagen.
        Habrá que azotar el agua.
        Habrá que azotar algunos santos.
Azotes que regresarán en palabras cegadas.
Lo que amarres para otro será también tu suerte.
Lo que des, te lo das también a ti.
Forja entonces tu cuerpo de arcilla
con sangre de algún animal,
        con luz de sal y luz de azúcar,
        con aliento y luz de noche,
que un día romperá la mano
        con la estrella de cinco puntas.

BLACK MAGIC

The hours go by trembling day and night,
branches and limbs are trembling,
eyes watching over lips that barely breath.
Among the black candles: light of sugar, light of salt.
She sculpts the imprisoned breath with her hands.
There are pins on the photograph's body.
        She will have to flog the water.
        She will have to whip some saints.
Flogging that will return as blinded words.
The curse you cast will be cast upon you.
What you sow, you shall reap.
She forms your body in the clay
with the blood of some animal,
        with the light of sugar and salt,
        with night's breath and glow
that one day will be shattered
        by the hand holding a pentagram.

EL NEGRO BEMBÓN

A George Floyd.

No esperes que el ángel ponga el aire.
América respira ese humo sucio de golpe
y llaga, de pezuña oscurantista.
No esperes que la cosecha lleve el agua
a tu sombra interminable de leones oprimidos.
Será mejor que corras entre los charcos de la muerte.
George Floyd, estirpe de lanzas y atabales,
hijo de la gran cosecha americana,
          hijo trasplantado bajo ley
con número de hienas come sangre.
Aún asfixia la rodilla en la garganta.
Bajo saña, el color de su sangre no llega,
no coincide con el color callado de los huesos
donde un negro baobab sucumbe
          a siglos de golpiza.
Bajo saña, la cosecha de América aún respira.
Bajo saña, sus últimas palabras se filtraron,
          con manadas de bisontes,
                    en los diarios de la madrugada.

EL NEGRO BEMBÓN

To George Floyd.

Don't hold your breath for that guardian angel.
America breathes filthy air reeking of blows
and ulcers, of dark-age hoofed devils.
Do not wait for the harvest to bring water
to your endless shadow of oppressed lions.
You will be better off jumping over puddles of death.
George Floyd, spear and atabal in your lineage,
son of the great American harvest,
transplanted son under a law
enforced by bloodthirsty hyenas.
The knee still presses into the neck.
Under the weight of cruelty, the color of his blood fades
and no longer matches the muted color of his bones,
as a baobab Negro succumbs
        to centuries of blows.
America's harvest still breathes cruelty.
Under the weight of spite, his last words
        joined the herds of bison
                trampling the morning papers.

¿Y CÓMO LO HACEN?

Sin esfuerzo, sin temblar un labio, a manos llenas.
Sin plazo y sin horarios, con todos los antojos
    a primera vista.
Con un secreto a la intemperie a manos llenas,
con ese ton y son arrollador dispersando el secreto,
        a contra ley en su guarida.
Se untan la vida a piel de número finito,
despilfarrando la chispa más alta en las monedas.
Sin trabajar, quedándose hasta el fallo
    como si el precio fuera poco,
como si el tiempo no tuviera lamentos y arrullo.
Se levantan cada día más tarde
y se echan a andar más alegres que el amor ajeno,
    a manos llenas
sosteniendo un apetito arrasador sobre la ley
    para esfumarse,
para no llegar a alguna parte,
así, cada día más alegres que el amor ajeno.

HOW DO THEY DO IT?

Effortlessly, not a lip trembling, hands overflowing.
With no deadlines and no clocks, satisfying
    their every whim.
With an open secret, with generous hands
sharing their secret, without rhyme or reason
        avoiding the law in their hideout.
They smear life on their skin as if it were endless,
squandering their fortunes on ephemeral sparks.
Not working, staying past the last call,
    not worrying about the price to pay,
as if time had no use for laments or lullabies.
They get up later each day
and hit the road happier than a love affair,
    hands overflowing,
devouring laws with voracious appetite
    only to get lost,
to arrive nowhere,
each day happier than a love affair.

JULIANA

Te escribo esta carta,
Julia, de mujer a mujer,
para decirte que Valoy se quedó más solo
que un boxeador caído.
Se quedó reinventando una canción en su pecho,
donde te metiste con tu cuerpo oscuro de pantera,
tu cuerpo todo abismo, todo trampa de gorriones.
Son cincuenta años que Valoy,
en Santo Domingo,
insomne, cantando Salsa
decía seguirte esperando.
Fuiste mala Juliana, quebraste su aliento,
semanas meses y años y después de botarlo
bajo el cielo desmenuzado,
le quitaste hasta ese brillo de potros oscuros en su piel.
Desde entonces su voz se acrecentó en tu nombre
y lo lamento, Juliana, porque tú no eres salsera,
tú has sido el lugar más común de La Dominicana.
Lo digo así y no justifico a una mujer por ser mujer.
Yo lo vi cantarte cada nota develada en sus 80 años,
resistía como un náufrago enganchado a tu imagen,
náufrago, junto a su ángel negro que murmura tu herida,
tu vieja herida que hoy se comen las hormigas.
¡Qué pena, qué mala, qué mala fuiste Juliana!

JULIANA

Woman to woman, Julia,
I need to tell you in this letter,
that Valoy is lonelier
than a knocked-out boxer.
He was left there rearranging a song in his chest,
which you inhabited with your dark panther body,
with the abyss of your body, a trap full of sparrows.
It's been fifty years since Valoy,
sleepless and singing salsa
in Santo Domingo,
said he was still waiting for you.
You were evil, Juliana, you stole his breath.
Weeks and months and years after leaving him
under a crumbling sky,
you even stole the dark-stallion shine of his skin.
Since that moment his voice grew stronger in your name,
and because you are not a salsa girl, Juliana, I hate to say
you're the commonest place in all of Dominicana.
I will not excuse a woman just for being a woman.
He sang to you every sleepless note for 80 years.
I saw him cling to your memory like in a shipwreck,
marooned next to his black angel soothing your wound,
the old wound you left where ants now feast.
How evil, so evil, *qué mala Juliana*!

PERIÓDICO DE AYER

Todo lo que hoy nos alberga:
            un periódico de tinta
y alebrije, devorado por el ojo ciego de la madrugada.
Un diario más, irrelevante,
            con palabras y destrozos.
Ese diario que sacudo, como a un muerto,
torpe gárgola ahogada en el amor,
con palabras hechas plumas,
con miradas hechas sombra.
El titular de la mañana se tragó la historia
y desterró nuestros pájaros de tinta desvelada,
en los diarios que ya nadie va a leer.
Tú eres el diario, la prensa consumida.
Yo el cuerpo que chasquea sus huesos corroídos.
Tú eres ese periódico de ayer, en el que envuelvo
con hambre, el pedazo de carne al que me aferro.

YESTERDAY'S PAPER

Everything that gives us shelter:
        a newspaper covered in ink
and alebrijes, devoured by the dawn's blinded eye.
Nothing but irrelevant news,
        full of words and destruction.
This paper that I shake like a limp body,
clumsy gargoyle drowned in love,
full of words turned to feathers,
full of eyes turned to shadows.
The morning's headlines swallowed history
and banished our birds of sleepless ink
to the dailies nobody wants to read.
You are the newspaper, the cannibalized press.
I am the body that rattles its worn-out bones.
You are yesterday's news, the paper I use to wrap
this pound of meat—to which I cling, starving.

NO HAY CAMA PA' TANTA GENTE

A Alfredo Trejos.

Era el año de la pirotecnia,
el corazón era omnívoro,
el cuerpo también omnívoro,
la carne siempre bucanera.
Se podía vagar y vagar, al garete,
para vaciar el apetito hasta en El Carajo,
porque olía a leña, había leña.
La uva siempre junto a esa ferocidad,
junto a la boca peregrina.
La puerta quedó abierta.
Debiste estar ahí, en las hendijas de la noche.
Fuimos peces en la red.
Unas bengalas se nos prendieron en el brazo,
porque el que busca siempre encuentra
también vómito en las hendijas.
Debiste estar ahí para bailar.
Debiste estar ahí y tropezar un poco más.

AIN'T NO BED BIG ENOUGH FOR SO MANY FOLKS

To Alfredo Trejos.

It was the year of the fireworks,
the heart was an omnivore,
the body was also an omnivore,
the flesh: a buccaneer wanting more.
We could roam and sail adrift
and quench our hunger even in hell,
where it was warm and smelled like firewood.
The fruit of the vine was always near
the pilgrims' furious mouths.
The door was left ajar.
You should have been there, in the cracks of night.
We were like fish in a net.
A sparkler latched onto your arm because,
as they say, look for trouble and it will find you
puking and tripping in the cracks of night.
You should have been there to dance.
You should have been there and trip some more.

LA CARTERA

Creo que la perdí en el último baile de Salsa,
o tal vez quedó en aquel "toque santero".
Se me perdió la cartera y no tengo ni un quinto,
ni orisha, ni trébol, ni luna sobreviviente.
Por mi mano ansiosa sin ron ni Son
se me perdió la cartera.
Ahora mi cielo se desviste en un tono de violines.
Buscaré la cascarilla que traje de La Habana
con un menjurje de flores
para hacerme unos despojos,
así como lo dijo Regla: se me desbordará
el algodón en los bolsillos. Pero anda, camina
a buscarla en ese bailoteo, en Matanzas
o en Cien Fuegos, en Harlem o en el Bronx.
Se me perdió la cartera, lo escribió Arsenio Rodríguez,
lo decía Larry Harlow: y llora, si no te dan de beber.
Sin un ojo de tigre, sin talismán ni conjuro.
Ya no tengo más dinero,
ni un pez en la nevera,
ni rumba, ni luna,
ni suerte sonámbula.

THE PURSE

I think I lost it in the last salsa dance,
or maybe it was taken during the toque de santo.
Lost my purse and now I ain't got no money,
no orisha, no four-leaf clover, no moon tonight.
Distracted by so much rum and son,
my purse got lost.
Now the sky undresses to a tune of violins.
I will look for the cascarilla I brought from Havana
in a concoction of flowers
to cleanse me of any evil or ill,
and just like Regla said: the pockets
of my pants will overflow. But go look
for it among the dancers, in Matanzas
or Cienfuegos, in Harlem or the Bronx.
I lost my purse, Arsenio Rodríguez wrote,
cry if they don't give you a drink, Larry Harlow spoke.
No eye of the tiger, no lucky talisman.
I ain't got no money
and no fish in my fridge.
I ain't got no rumba, no sleepless luck,
and no moon tonight.

Quítate de la vía, Perico

Dicen que soplaba el aire fatal de los molinos,
que el sol mostraba todos sus metales,
pero primero la tierra resonó.
Mucho antes del sonido del tren,
mucho antes Perico, desde su torpe corazón,
entre los rieles,
despintaba el mundo en su mirada.
Quítate de la vía Perico,
que viene el tren a separar el cuerpo de tu sombra.
Quítate de la vía,
que el sol arroja ardientes sus metales,
pero Perico se enredaba en el aire
y sin oír, se quedó pronunciando todo lo que pesa,
se quedó enredado, en el aire fatal de algún molino.

Get Off The Tracks, Perico

They say the fateful air of windmills was blowing,
and the sun was showing all its brass,
but first the earth went off with a blast.
Long before the train made a sound,
long before that, Perico, bless his heart,
was standing on the tracks,
stripping the world of color with his eyes.
Get off the tracks, Perico,
the train is coming to split your body from your shadow,
get off the tracks,
the sun is blowing its red-hot brass.
But Perico got stuck in the air, and not listening,
stood there pronouncing all that hurts,
got stuck in the fateful air of a windmill.

El gran varon

Yo soy Simón y con mi estatura nunca pude comprar
ni una paloma, ni un trozo de tul para mi muerte.
Hoy vengo a reclamar mi pronombre
        atascado en el espejo,
porque yo puse la piel, las orillas del sexo,
la bóveda rosa de este cuerpo,
mi curvatura torpe de niña torcida,
con el peso vivo de un tulipán,
con disputas en las manos.
A espaldas del día.
Quise ser la firmísima torcaza,
la princesa emplumada,
la geisha oscura que mostraba más,
pero me faltaba el germen del amanecer en los labios.
Hoy me veneran, me mutan,
        me inventan un pronombre
y una hormona nueva cada día,
tal vez para olvidar la felación del closet.
Juro que fue polvo de flores en los párpados
        lo que cerró mis ojos
cuando me tragué la guayabita del Pinar.
Soy Simón, el orgullo de mi padre,
y lo que antes no me dieron hoy me lo van a dar.

THE GREAT SIMÓN

My name is Simón and because of my status, I was never
allowed to buy a dove or a piece of tulle for my death.
But today I come to reclaim my pronoun
        trapped in the mirror,
because I offered my skin, the contours of my sex,
the rose-colored vault of this body,
the clumsy curves of a crooked girl
carrying the live weight of a tulip,
struggling with her own two hands.
Going behind everyone's back,
I wanted to be an imposing dove,
a feathered princess,
a brown geisha that showed a little more,
but my lips were always missing the seed of dawn.
Today they worship me, they transform me,
        they assign me pronouns
and prescribe me new hormones every day,
perhaps to forget my fellatios in the closet.
I swear it was the flowery dust on my lashes
        that sealed my eyes,
the moment I drank the last swallow of Guayabita del Pinar.
My name is Simón. I am my father's pride.
What I was denied yesterday, today I'm taking back.

NO ME DIGAN QUE ES MUY TARDE

De un sitio a otro sitio. A mitad del camino,
el pecho se desborda donde tengo atados los navíos.
Un caballo se zambulle contra el agua del espejo,
contra el tótem, el monstruo, el ave tiempo.
No me digan que es muy tarde,
que tengo un reloj de sombras
encendido, que hay una fosa de arenas en mi boca,
que el tiempo se queda atrapado en agujeros.
No me digan que es muy tarde,
que mi sangre espera revivir
en un cadáver de golondrinas
y las guitarras abrirán fandangos en mi vientre.
No me digan que es muy tarde,
que voy pagando la cuota de mis relámpagos
contra el tótem, el monstruo, el ave tiempo.
Desempolvo un jeroglífico,
lo miro bien en la sonrisa del espejo.
El pecho se desborda donde ato los navíos.
Mi sangre revive en el cadáver de las golondrinas.
No me digan que es muy tarde,
que con mi bongó y mi palabra de arena,
jugaré a sostener mi sepultura.

DON'T TELL ME IT'S TOO LATE

From one place to another. At the halfway point,
my chest overflows where my ships are moored.
A horse plunges against the water in the mirror,
against the totem, the monster, the bird of time.
Don't tell me it's too late
          when my timer of shadows
is lit up, when there's a sand clock in my mouth,
when time becomes trapped in wormholes.
Don't tell me it's too late
when my blood seeks to revive
          in a swallow's corpse
and guitars breed fandangos in my womb.
Don't tell me it's too late:
I'm paying down the debt I owe to my storms.
Against the totem, the monsters, the bird of time,
I dust off a hieroglyph,
examine it against the smile in the mirror.
My chest overflows where my ships are moored.
My blood revives in a swallow's corpse.
Don't tell me it's too late:
with my bongos and my sand clock
I play at fooling the grave.

AGUANILE

A mi ahijado Fabio Ernesto León Pérez,
estirpe y garra cubana.

Que mucho te amparen los tres clavos de la cruz.
Que la espada de San Jorge abra tus caminos,
y mucho te impulse el fuelle de Oggun, más allá
del mar y de la estrella que revelaron tus orishas.
Y si viene el día de los naufragios, de espinas
y coronas, si viene y cae el día con la guerra
y con el peso de sus muertos, no aceptaremos
esa herencia y su estación desolladora.
Con la sed incrustada en el costado buscaremos
el agua de las aldeas, luego habremos también de echársela
a la tierra, porque la tierra es casa y la casa cuerpo,
y en el cuerpo un templo se devela.
Que mucho nos amparen los tres clavos de la cruz
y el hambre de tus orishas,
porque la tierra tiene un cúmulo de heridas y agujeros,
por eso tomamos el agua del rito y de la fuente:
Aguanile, copia la luz en las espaldas.
Aguanile, quita el peso de los muertos,
de la tierra de la hoz y de la palma,
de doble palma y doble cara.
*Kyrie Eleison, Christe Eleison**
dulce sangre inmortal. Arrasa las cadenas.

AGUANILE

To my godson Fabio Ernesto León Pérez,
his Cuban lineage and spirit.

May the three nails of Christ protect you.
May the sword of San Jorge open roads for you
and may Ogun's bellows propel you beyond
the sea and the star that your orishas revealed.
And if the time of shipwrecks, of thorns
and crowns comes, and if the time of war
and the burden of its dead comes, we will reject
that legacy and the season of slaughter.
With thirst jabbing our sides we will seek
water for the villages and will also irrigate
the earth, because the earth is home and home is the body
and in the body a temple is revealed.
May the three nails of Christ and the hunger
of your orishas protect us,
because the earth is riddled with wounds and holes.
That's why we drink water from the fountain and the ritual:
Aguanile, cast light on our backs.
Aguanile, relieve us of the weight of death,
of the earth, of the sickle, of the palm,
the double palm and the double face.
Kyrie Eleison, Christe Eleison.
Sweet immortal blood, break the chains.

Cristo en el sudario afligido de la tierra,
Míranos la sangre que cargamos,
que la sangre derramada siempre se equivoca.
Míranos el cuerpo delator en el horizonte,
donde quedó encarnado el mar,
en la lanza y la carencia que día a día nos sostiene.

* *Kyrie Eleison, Christe Eleison*: Frases griegas que significan, "Señor ten piedad y Cristo ten piedad", respectivamente, usadas en la liturgia cristiana ortodoxa.

Christ on the afflicted shroud of this world,
look at the blood we carry,
for spilled blood is always wrong.
Look at our tell-tale bodies on the horizon,
where the sea became flesh
and we bear spears and scarcity day after day.

Apéndice

Appendix

Los éxitos de la salsa en *Salsérrima*

Salsa Hits Mentioned in *Extremely Salsa*

Abran paso (1971)
Autor/Songwriter: Ismael Miranda
Intérprete/Vocalist: Ismael Miranda

La loma del tamarindo (1985)
Autor/Songwriter: Ángel Luis Santiago
Intérprete/Vocalist: El Gran Combo

Chan Chan**,** (1984)
Autor/Songwriter: Compay Segundo
Intérprete/Vocalist: Compay Segundo

Anacaona (1971)
Autor/Songwriter: Tite Curet Alonso
Intérprete/Vocalist: Cheo Feliciano

Plantación adentro (1977)
Autor/Songwriter: Tite Curet Alonso
Intérprete/Vocalist: Rubén Blades y Willie Colón

Pedro Navaja (1978)
Autor/Songwriter: Rubén Blades y Willie Colón
Intérprete/Vocalist: Rubén Blades

Fuego en el 23 (1969)
Autor/Songwriter: Arsenio Rodríguez
Intérprete/Vocalist: Sonora Ponceña.

El cantante (1978)
Autor/Songwriter: Rubén Blades
Intérprete/Vocalist: Héctor Lavoe

Idílio (1930)
Autor/Songwriter: Alberto Titi Amadeo Rivera
Intérprete/Vocalist: Willie Colón

Pasión (1961)
Autor/Songwriter: Jácamo Acevedo
Intérprete/Vocalist: Son de Tikizia

La vida es un carnaval (1998)
Autor/Songwriter: Victor Daniel
Intérprete/Vocalist: Celia Cruz

Preso (1975)
Autor/Songwriter: Álvaro Velásquez
Intérprete/Vocalist: Fruko y sus Tesos

Vasos de colores (1979)
Autor/Songwriter: Hugo González
Intérprete/Vocalist: Marvin Santiago

Rebelión (1986)
Autor/Songwriter: Joe Arroyo
Intérprete/Vocalist: Joe Arroyo

Si Dios fuera negro (1971)
Autor/Songwriter: Roberto Angleró
Intérprete/Vocalist: Roberto Angleró

Las caras lindas de mi gente negra (1978)
Autor/Songwriter: Tite Curet Alonso
Intérprete/Vocalist: Ismael Rivera

Yambeque (1982)
Autor/Songwriter: Eduardo Angulo
Intérprete/Vocalist: Sonora Ponceña

Llorarás (1975)
Autor/Songwriter: Óscar D´ León
Intérprete/Vocalist: Óscar D´ León

Sonido bestial (1971)
Autor/Songwriter: Richie Ray & Boby Cruz
Intérprete/Vocalist: Richie Ray & Boby Cruz

Brujería (1979)
Autor/Songwriter: Justi Barreto
Intérprete/Vocalist: El Gran Combo.

El negro bembón (1958)
Autor/Songwriter: Cortijo y su Combo
Intérprete/Vocalist: Rivera

¿Y cómo lo hacen? (1987)
Autor/Songwriter: Raúl Marrero
Intérprete/Vocalist: Frankie Ruiz

Juliana (1970)
Autor/Songwriter: Cuco Baloy
Intérprete/Vocalist: Cuco Baloy

Periódico de ayer (1976)
Autor/Songwriter: Tite Curet Alonso
Intérprete/Vocalist: Héctor Lavoe.

No hay cama pa´ tanta gente (1985)
Autor/Songwriter: Víctor Morales
Intérprete/Vocalist: El Gran Combo

La cartera (1974)
Autor/Songwriter: Arsenio Rodríguez
Intérprete/Vocalist: Larry Harlow

Quítate de la vía, Perico (1961)
Autor/Songwriter: Juan Hernández
Intérprete/Vocalist: Ismael Rivera/Cortijo y su Combo

El gran varón (1989)
Autor/Songwriter: Omar Alfano
Intérprete/Vocalist: Willie Colón.

No me digan que es muy tarde (1980)

Autor/Songwriter: José Rafael Nogueras
Intérprete/Vocalist: Ismael Miranda

Aguanile (1972)

Autor/Songwriter: Willie Colón/Héctor Lavoe
Intérprete/Vocalist: Willie Colón/Héctor Lavoe

ACERCA DE LA AUTORA

Jenny Álvarez (San José, Costa Rica, 1970) Poeta, abogada y profesora, con maestría en Docencia Universitaria. Cursó estudios de Liderazgo Administración de Empresas Cooperativas, en el Instituto Coady de la Universidad Saint Francis Xavier en Canadá.

Es autora de cuatro libros de poesía: *Trece osadías y una canción*, *Una Noche para callar los nombres*, *Otra vez el juego, otra vez la vida y Flor Carnívora. El libro Otra vez el juego otra vez la vida*, ha sido texto colegial en la materia de español en Costa Rica.

Contribuyó con la recopilación de jurisprudencia y materia de la normativa legal para la creación de la ley: El código de la mujer. Es editora y asesora de La Editorial Arboleda.

Es gestora cultural en los espacios literarios: Casa Cultural Teodorico Quirós y en el Centro de Estudios Brasileños de San José, donde promueve la traducción de autores costarricenses al portugués, en ambos espacios realiza actividades literarias y recitales de poesía.

ABOUT THE AUTHOR

Jenny Álvarez (San José, Costa Rica, 1970) Poet, lawyer and professor, she holds a master's degree in University Teaching. She studied Leadership and Cooperative Business Administration at the Coady Institute of St. Francis Xavier University, Canada.

She is the author of four books of poetry: *Trece osadías y una canción; Una Noche para callar los nombres; Otra vez el juego, otra vez la vida;* and *Flor Carnívora. Otra vez el juego, otra vez la vida* has been included in the Spanish Language curriculum for Costa Rica's high schools.

She contributed to the compilation of jurisprudence and legal regulations used for drafting Costa Rica's Women's Code. She is editor and advisor for Arboleda Press, where she promotes the publication of literary works.

She is a cultural promoter in San José, supporting the translation of Costa Rican authors. She also organizes poetry readings and book presentations at the Teodorico Quirós Cultural House and at the Center for Brazilian Studies.

ACERCA DEL TRADUCTOR

Mauricio Espinoza (León Cortés, Costa Rica, 1975). Poeta, traductor y académico. Es profesor de literatura y estudios culturales latinoamericanos en la Universidad de Cincinnati. Tiene un doctorado en literatura y cultura latinoamericana por la Universidad Estatal de Ohio. Su investigación se enfoca en literatura y estudios culturales centroamericanos, cultura popular latino-estadounidense y migración. Es co-traductor de *Territory of Dawn* (Bitter Oleander Press, 2016) y *The Fire's Journey* (Tavern Books, 2013-2019), traducciones al inglés de la obra de la poeta costarricense Eunice Odio. Es traductor de dos poemarios del autor costarricense Randall Roque: *Hago la herida para salvarte / I Make the Wound to Save You* (Artepoética Press, 2020), y *El más furioso de los perros / The Most Furious of the Dogs* (San José: EUNED, 2023); y de un poemario de la autora salvadoreña Miroslava Rosales (*República del excremento/ Excrement Republic*, Milán, Italia: FormArti, 2026).

About the Translator

Mauricio Espinoza (León Cortés, Costa Rica, 1975). Educator, researcher, poet and translator. He is associate professor of Spanish at the University of Cincinnati. He has co-translated (with Keith Ekiss and Sonia Ticas) the work of 20th century Costa Rican poet Eunice Odio, which has appeared in the bilingual anthology *Territory of Dawn: The Selected Poems of Eunice Odio* (Bitter Oleander Press, 2016) and in the four-volume *The Fire's Journey* (Tavern Books, 2013-19). He has also translated two collections by contemporary Costa Rican poet Randall Roque: *Hago la herida para salvarte / I Make the Wound to Save* You (ArtePoética Press, 2020) and *El más furioso de los perros / The Most Furious of the Dogs* (EUNED, 2023); and Salvadoran poet Miroslava Rosales' collection *República del excremento/ Excrement Republic* (FormArti, 2026).

Índice / Table of Contents

Salsérrima
Extremely Salsa

WILD MUSEUM

MUSEO SALVAJE

Latin American Poetry Collection

Homage to Olga Orozco (Argentina)

10
Carta de las mujeres de este país
Letter from the Women of this Country
Fredy Yezzed (Colombia)

11
El año de la necesidad
Juan Carlos Olivas (Costa Rica)

12
El país de las palabras rotas / The Land of Broken Words
Juan Esteban Londoño (Colombia)

13
Versos vagabundos
Milton Fernández (Uruguay)

14
Cerrar una ciudad
Santiago Grijalva (Ecuador)

15
El rumor de las cosas
Linda Morales Caballero (Perú / U.S.A.)

16
La canción que me salva / The Song that Saves Me
Sergio Geese (Argentina)

17
El nombre del alba
Juan Suárez (Ecuador)

18
Tarde en Manhattan
Karla Coreas (El Salvador)

19
Un cuerpo negro / A Black Body
Lubi Prates (Brasil)

20
Sin lengua y otras imposibilidades dramáticas
Ely Rosa Zamora (Venezuela / U.S.A.)

31
La muerte tiene los días contados
Mario Meléndez (Chile)

32
Sueño del insomnio / Dream of Insomnia
Isaac Goldemberg (Perú / U.S.A.)

33
La tempestad / The tempest
Francisco de Asís Fernández (Nicaragua)

34
Fiebre
Amarú Vanegas (Venezuela)

35
63 poemas de amor a mi Simonetta Vespucci
63 Love Poems to My Simonetta Vespucci
Francisco de Asís Fernández (Nicaragua)

36
Es polvo, es sombra, es nada
Mía Gallegos (Costa Rica)

37
Luminiscencia
Sebastián Miranda Brenes (Costa Rica)

38
Un animal el viento
William Velásquez (Costa Rica)

39
Historias del cielo / Heaven Stories
María Rosa Lojo (Argentina)

40
Pájaro mudo
Gustavo Arroyo (Costa Rica)

41

Conversación con Dylan Thomas

Waldo Leyva (Cuba)

42

Ciudad Gótica

Sean Salas (Costa Rica)

43

Salvo la sombra

Sofía Castillón (Argentina)

44

Prometeo encadenado / Prometheus Bound

Miguel Falquez Certain (Colombia / U.S.A.)

45

Fosario

Carlos Villalobos (Costa Rica)

46

Theresia

Odeth Osorio Orduña (Mexico)

47

El cielo de la granja de sueños / Heaven's Garden of Dreams

Francisco de Asís Fernández (Nicaragua)

48

hombre de américa / man of the americas

Gustavo Gac-Artigas (Chile / U.S.A.)

49

Reino de palabras / Kingdom of Words

Gloria Gabuardi (Nicaragua)

50

Almas que buscan cuerpo

María Palitachi (República Dominicana / U.S.A.)

61
Después de la lluvia
After the Rain
Yrene Santos (República Dominicana / U.S.A.)

62
De plomo y pólvora. Poesía de una mente bipolar
Of Lead and Gunpowder. Poetry of a Bipolar Mind
Jacqueline Loweree (Mexico / U.S.A.)

*

New Era:
Wild Museum Collection & Arts

63
Espiga entre los dientes
Carlos Calero (Nicaragua / Costa Rica)
Cover Artist: Philipp Anaskin

64
El Rey de la Muerte
Hector Geager (U.S.A. / República Dominicana)
Cover Artist: Jhon Gray

65
Cielos que perduren
José Miguel Rodríguez Zamora (Costa Rica)
Cover Artist: Osvaldo Sequeira

66
Por el mar, con los monstruos de Ovidio a otra parte
Francisco Trejo (Mexico)
Cover Artist: Jaime Vásquez

67
Los vínculos salvajes
Juan Carlos Olivas (Costa Rica)
Cover Artist: Jaime Vásquez

68

Una conversación pendiente

Unfinished Conversation

Juana Ramos (El Salvador / U.S.A.)

Commemorative Edition:

VII Aniversity of Nueva York Poetry Press

69

La quinta esquina del cuadrilátero

Paola Valverde Alier (Costa Rica / España)

Cover Artist: Jaime Vásquez

70

El evangelio del dragón

Luis Rodríguez Romero (Costa Rica)

Cover Artist: Osvaldo Sequeira

71

Un fragor de torres desgajadas

A Roar of Tumbling Towers

Miguel Falquez-Certain (Colombia / U.S.A.)

72

El ombligo de los pájaros

Francisco Gutiérrez (Costa Rica)

Cover Artist: Juan Carlos Mestre

73

Apuntes para un náufrago

Paul Benavides (Costa Rica)

Cover Artist: Jaime Vásquez

74

Me sobran noviembres

Osiris Mosquea (República Dominicana / U.S.A.)

Cover Artist: Jimmy Valdez

75

El profundo abismo de mi sombra

Carlos Velásquez Torres (Colombia / U.S.A.)

Cover Artist: Jorge Posada

76
Versus
Jorge Martín Blanco (Argentina)
Cover Artist: author

77
Un niño que nació para ser río
A Child Born to Be a River
Dennis Ávila (Honduras / Costa Rica)

78
A la sombra de tus alas & siete parábolas
Gabriel Chávez Casazola (Bolivia)
Cover Artist: Nicole Vera Comboni

79
Verás que somos islas
Hector Geager (U.S.A. / Rep. Dominicana)
Cover Artist: Unknow

80
El mar de las palabras
Ricardo Segura Amador (Costa Rica)
Cover Artist: Valery González

81
Aljaba del asombro
José Alfredo Pérez Alencar (Perú / Bolivia)
Cover Artist: Miguel Elías

82
Danzando en la marea del verbo y el amor
Dancing in the Tide of Words and Love
Consuelo Hernández (Colombia /U.S.A.)
Cover Artist: Geo Ripley

83
Tablillas de San Lázaro
Saint Lazarus Rattle
Rosella Di Paolo (Perú)
Cover Artist: Paul Klee

84
Bariloche Tropical
Tomás Modesto Galán (República Dominicana)
Cover Artist: Ivonne Sánchez Barrea

85
Historiografía de los cuerpos
Rocío Uchofen (Perú)
Cover Artist: Judith Leyster

86
Salsérrima
Extremely Salsa
Jenny Álvarez (Costa Rica)
Cover Artist: Author

POETRY
COLLECTIONS

ADJOINING WALL
PARED CONTIGUA
Spaniard Poetry
Homage to María Victoria Atencia (Spain)

BARRACKS
CUARTEL
Poetry Awards
Homage to Clemencia Tariffa (Colombia)

CROSSING WATERS
CRUZANDO EL AGUA
Poetry in Translation (English to Spanish)
Homage to Sylvia Plath (United States)

DREAM EVE
VÍSPERA DEL SUEÑO
Hispanic American Poetry in USA
Homage to Aida Cartagena Portalatín (Dominican Republic)

FIRE'S JOURNEY
TRÁNSITO DE FUEGO
Central American and Mexican Poetry
Homage to Eunice Odio (Costa Rica)

INTO MY GARDEN
English Poetry
Homage to Emily Dickinson (United States)

I SURVIVE

SOBREVIVO

Social Poetry

Homage to Claribel Alegría (Nicaragua)

LIPS ON FIRE

LABIOS EN LLAMAS

Opera Prima

Homage to Lydia Dávila (Ecuador)

LIVE FIRE

VIVO FUEGO

Essential Ibero American Poetry

Homage to Concha Urquiza (Mexico)

FEVERISH MEMORY

MEMORIA DE LA FIEBRE

Feminist Poetry

Homage to Carilda Oliver Labra (Cuba)

REVERSE KINGDOM

REINO DEL REVÉS

Children's Poetry

Homage to María Elena Walsh (Argentina)

STONE OF MADNESS

PIEDRA DE LA LOCURA

Personal Anthologies

Homage to Alejandra Pizarnik (Argentina)

TWENTY FURROWS

VEINTE SURCOS

Collective Works

Homage to Julia de Burgos (Puerto Rico)

VOICES PROJECT
PROYECTO VOCES

María Farazdel (Palitachi) (Dominican Republic)

WILD MUSEUM
MUSEO SALVAJE

Latin American Poetry

Homage to Olga Orozco (Argentina)

OTHER COLLECTIONS

Fiction

INCENDIARY

INCENDIARIO

Homage to Beatriz Guido (Argentina)

Children's Fiction

KNITTING THE ROUND

TEJER LA RONDA

Homage to Gabriela Mistral (Chile)

Drama

MOVING

MUDANZA

Homage to Elena Garro (Mexico)

Essay

SOUTH

SUR

Homage to Victoria Ocampo (Argentina)

Non-Fiction/Other Discourses

BREAK-UP

DESARTICULACIONES

Homage to Sylvia Molloy (Argentina)

For those who like Olga Orozco believe that "a word on the back of the world allows the enemy to advance," and who like her recognize that "half of desire is barely that, half of love is only a measure," this book was published in Manhattan in April 2026, as part of the Wild Museum Collection by *Nueva York Poetry Press*, in homage to her voice.

www.ingramcontent.com/pod-product-compliance
Lightning Source LLC
LaVergne TN
LVHW051010080826
845145LV00009B/2550

* 9 7 8 1 9 6 6 7 7 2 2 8 6 *